Basado en las historias de Pooh escritas por A. A. Milne
(copyright The Pooh Properties Trust)

SEGUNDA EDICIÓN

Manuel Tovar, 8
28034 MADRID (España)

ISBN: 84–392–1224-0
Depósito legal: LE. 187-2006
Printed in Spain – Impreso en España
EDITORIAL EVERGRÁFICAS, S. L.
Carretera León – La Coruña, km 5
LEÓN (España)

Disney

Winnie me enseña la

Ropa

Ediciones Gaviota

¿Sabes qué ropa debes usar en cada ocasión? Algunas veces mis amigos del Bosque de los Cien Acres vienen a pedirme consejo, y yo les digo que la ropa sirve para mantenerse caliente durante el invierno y seco cuando llueve. Aquí puedes ver si mis amigos van bien vestidos. ¿Quieres ayudarles?

¡No, Pooh! ¡No hay que usar el pijama
en la nieve!

Hay que usar el pijama para… acostarse por la noche.

¡No, Rito! No hay que usar la ropa más bonita
para jugar en el barro.

Hay que usar la ropa más bonita para...
ir a una fiesta de cumpleaños.

¡No, Tigger! ¡No hay que usar gafas de sol cuando está oscuro!

Hay que usarlas cuando… brilla el sol.

¡No, Piglet! No hay que usar botas de goma
cuando hace buen tiempo.

Hay que usar botas de goma cuando… llueve.

¡No, Pooh! No hay que usar ropa de invierno
en verano.

Hay que usar ropa de abrigo... en invierno,
cuando hace frío.

¡No, Rito! ¡No hay que usar el babero
para bañarse!

Hay que usar el babero para... comer.

¡No! Todos lleváis ropa
de una talla equivocada.

Tenéis que usar ropa de vuestra talla.
Si es demasiado pequeña o demasiado
grande no servirá.